JN437167

내 인생의 봄날

내 인생의 봄날

이장기 시집

도서출판 천우

● 시인의 말

나 삶의 무게가 너무 무거워
살아온 팔십 년 세월 무얼 하고 살아왔을까?
나 아닌 남을 위해 무엇을 하고 있을까?
돌아보니 잘살아온 세월보다 못 산 세월이
부끄럽기만 할 따름이다.
우리 인생 한 번 왔다 한 번 갈 인생
내 인생 끝나는 날 슬피 울어 줄 친구 있다면
그것이 행복 아닐까.
이 모든 뉘우침 속에 내 자취를 남기기 위해
이 졸필의 글을 남기고 있노니
이 글이 행여 버려질 휴지조각이 될지라도
글을 남길 수 있다는 자부심에 맘 뿌듯합니다.

2022년 5월

이 장 기

제1부

봄 하늘에 별이

● 시인의 말

제2부

기다림

제3부

디딤돌

제4부

천상의 어머니

제5부

인생을 노래하다

제1부

봄 하늘에 별이

봄 하늘에 별이

동녘 하늘 아침이 밝아오면
솔밭 밑으로 살살 기어 오는
햇살 따갑게 억겁의 연륜을
머리에 이고 아침을 맞는다

하루 종일
넓은 산야를 맴돌던 햇살이
석양을 등에 지고
서산마루에 걸터앉아
하루의 피로를 달래려 하네
옹기종기 모여 앉은
별들의 속삭임이
마냥 정겹기만 한
봄밤의 달이여
달뜨는 밤 별들과
속삭이면서
은하수 강을 따라
노를 저으며
영겁에 빛나리

몽현사

산사에 아침이 밝아오고 있다
추녀 끝에 풍경이 딸랑딸랑
여승의 염불 소리에 새벽이
일렁인다

산새 들새 텃새들은
봄소식 봄 편지를 나르느라
이 가지 저 가지 바쁘게 날으네

뜰 앞에 목련꽃
뾰족한 부리로
두꺼운 알 껍질을
깨고 알에서 깨어나

수줍은 자태를 뽐내며 봄을 부르고

장삼 두른 여승의 발걸음 가볍다

아침 염불이 살갑게
산사의 정원 팔각정에
고요를 깨운다

목욕 재개한 여승의
사월초파일 올릴 기도준비
한창 바쁠 때이다

비바람 불어오는 날
혹시 부처님 오시는 길
아름다운 목련꽃이
녹슬지는 않을까

오랫골

바람 따라가다
놓친 구름 한 조각
산봉우리에 붙잡혀
오도 가도 못하네

신선이 왔다 갔다는
예버덩 건너 선계(仙界)
선녀가 내려와
쿵쿵 소에 목욕하고
높이 날아올라

고비덕(高飛德)
오랫골 쪽으로 가지 않았을까

나보고 그곳 이름을 지으라 하면
오류동이 아닌 선유동(仙遊洞)이라 하겠다

천년 반장 마음씨 고운
정길이며 봉희
얼룩빼기 황소가
뛰놀던 집터는
멧돼지 움터가 되었고

꿩 노루 고라니 토끼 다람쥐
텃새 산새 들새 철새들이
놀았던 그 화전 밭은
은행나무 곱게 자라
용조시인의 시 마당이 되었고

옹달샘 바가지 우물터는
넓은 연못 되어 정겹더라

그때는 그랬었지

관말 지나 새초거리
달구지가 다니던 길
흙먼지가 정겨웠지

섶다리가 흔들흔들
주천강은 흘러가고

아카시아 꽃피던 길
아직 남아 향기 나고

옹기종기 형제바위
삼형제로 정겨웁네

풀 무성한 도깨비 길
아스팔트 포장되고

섶다리를 허물고서
시멘트로 다리 놓아

옛 정취가 그리웁네
추억 담긴 섶다리가

노 저어라 삿대 저어
강 건너던 나룻배가
추억 속에 그리웁다

기도하는 여인

주천강 물길 따라
반짝이는 여울목을 지나
용솟음치는 솟돌머리
나이는 족히 일백년
아름드리 소나무 서 있다

빨간 속살 감추려고
갑옷으로 틀어 입고
검푸른 기상 늠름한 자세로
슬기롭게 굽이쳐 흐르는
주천강을 지켜보고 있네

그 앞에 아름다운 한 여인이
두 손을 모으고 다솜이 서 있다
당신의 건강을 비는 것일까
아니면 가정의 평안을 빌고
자식들 잘 되길 비는 것일까

알 수 없는 기도 속에
잠시 그녀의 살아온 길
삶의 모습을 스케치해 볼 때
내 마음이 공연히 미안해진다

지켜주지 못한 행복 즐거움
어느 것 하나 해준 것이 없다
늦었지만 이제부터라도
편한 생활 행복한 날이
될 수 있게 노력해야 되겠다

염원을 담아 그 앞을
지날 때면 나도 자연스레
숙연히 고개가 숙여진다

가을비

낙엽이 우수수 떨어져
오솔길을 덮는다
우산을 쓰고 걷는 길
아름다운 여인과
팔짱끼고 걷던
지난날의 하늘 곱고
아름답던 가을이 생각난다
발밑에 성난 듯이
바삭이던 낙엽은
가을비에 촉촉이 젖어
그 빛을 잃고
발밑에 미끄러진다
잠에서 깨어나
밝은 태양을 마신다

흐르는 물 주천강에선
방울방울 솟아오르는
구슬 같은 물방울
붕어의 말소리가 들려온다
풍성한 가을 한가위라고
가만히 귀 기울이네요
아침안개가 수줍은 듯

흐르는 강물 따라
살며시 흘러간다
가을이란다

밝은 태양 햇살은
안개의 갈 길을 막아
호수 속에 몰아넣고
환한 가을 하늘은
호수 속에 담아 놓고
울긋불긋
단풍을 물들인다

아침이 제법 춥다
가마우지 쇠오리 물떼새
줄줄이 몸을 탈탈 털고
자맥질하기에 바쁘다
한 폭의 수채화가 아닐까
호수 한쪽 가을 산을
헤엄치다 잠든
송사리 피라미들도
가을비에 젖는다

어두운 밤바다

바다는 성이 났나
사자의 갈기 날리며
파도가 솔밭을 향해
죽을 듯이 돌진한다
하얀 포말을 입에 물고
어쩌다 바위에 부딪히면
호랑이의 포효로 울고
사자의 갈기 쓰다듬으며
파도를 할퀴고 있다

바람이 지나간 바다
아침은 밝아오고
밤새 울어대던 파도는
조용히 아침을 맞는다

바다가 토해내는
붉은 태양 수평선 위에
해룡이 뱉어놓은
여의주가 아닐는지
어둠 속을 더듬으며
찾아온 아침 여명이
내 가슴속에 환하게 찾아올 때
비둘기 깃털 같은 연한 파도로 일렁인다

잃어버린 청춘

마음이 허전해 돌아봤더니
내 청춘 어딘지 간 곳 없구나

어디에 있을까 찾아 헤매도
황혼에 노을만 비추고 있네

어디서 왔는지 알 수 없지만
입가에 그려진 팔자주름이

머리엔 하얗게 흰 구름 뜨고
발걸음 느리게 걷고 있어요

내 청춘 어디에 어디 있을까
목메게 불러도 대답이 없어

청춘아 내 청춘 가지를 마라
구름에 기대어 쉬었다 가세

가을 가기 전에

벼이삭 노랗게 익은
황금벌 들판엔
콤바인 벼 베기 바쁘고

산모퉁이 상수리나무
도토리 뚝 뚝 떨어져
다람쥐 겨울나기
식량 나르느라 바쁜데
도토리 줍는 여인네들
보물 찾는 손 아름다워라

비 오고 바람 부는 날
가을 벌판은
우산으로도 못 덮고

안방 구석진 곳에 앉아
기우제라도 올려볼까
이 가을이 가기 전에
가을소풍이라도 해야지
단풍 고운 산과 들로

겨울을 준비하느라
가을비는 내리는가

비가 그치고 찬 서리가 내리면
칼바람이 몰아치리니
짧은 가을 아쉬운 이별을
우산 속에 감춰놓고
추야의 밤 아름다운
꿈을 꾸어라

시월의 햇빛

단풍나무 물든 잎 사이로
가을 가는 모습 보인다

떡갈나무 넓은 잎새
가랑잎으로 떨어지고
모진 바람에 날린다

걷듯이 뛰듯이 가는 세월
왜 이리 빨리 가는가

생각해 보니 사과와 배
싱그러운 향기가
어디로 갔을까
생각이 나지 않는다

돌아서 가는지

세월의 등에 다 업혀
살아온 청춘살이가

헤일 수 없는 사연들
몇 해를 걸어왔더냐

행복과 즐거운 시간
반반이 공존하는데

황혼이 붉게 물들어
마음만 젊어져 가네

돌아서 가야해 청춘
나에게 머물러다오

봄이 오는가

남풍 불어 훈풍인데
남산에 꽃이 피니
진달래꽃 향연이라
꽃구경 삼매경에
좌불안석 못하고서
동분서주 꽃향기에
취해버린 인생인가
행색이 남루해도
꽃바람에 웃고 있네
눈시울 눈물 감춘
봄맞이 즐길세라
바라건대 봄이 오면

향기 한 바가지 머리에 이고
남쪽 나라에서 제비 앞장 세워
오지 않을까
이 가을이 지나고 나면
마음까지 시원하고
새하얀 눈 세상으로
긴 여행 즐겁지 않을까

고마운 당신

열아홉 꽃 같은 나이에
나에게 시집와 고생 많았소
살기 바빠 좋은 것들
못해 주고 살아왔는데

어느 시인이 말하기를
입 한 번 맞닿은 죄로
허리가 휘도록 살아온
당신이 고맙습니다

사 남매 기르면서
때로는 가장이 되어
시부모 모시고
살아온 당신 고맙습니다

직장 따라 찾아간 곳 독일
그곳에서 그리운 시간 삼 년
당신을 힘들게 했었는데

이제 이 모든 것 잊어버리고
모자라면 채워주고
있는 힘 다하여
당신을 사랑하렵니다

보름달(백야)

보름달이 창가에 찾아와
나의 창을 두드리네요
달아 밝은 보름달아
밤 새워 달려온 보름달아

피곤한 몸 세상을 밝히고
서산마루에 걸터앉아
곤히 잠든 나를 깨워
별들을 선물하느냐

반짝이는 새벽 별들이
내 품에 찾아 들어와
가슴을 뛰게 하는구나

이불 홑청에 묻었던
잠 덜 깬 얼굴에
웃음을 짓게 하고
새벽잠을 깨우는 별과 달
그리고 나
이제 한 몸이 되어
사랑을 속삭이고 있다

설도 지나고
달도 밝은 정월대보름
창 넘어 찾아와 웃어주는
내 품에 안긴 별과 달
영원한
사랑으로 남아주렴

돌배꽃

담 넘어 돌배꽃 피어
마음 설레게 하네

순백에 순결 사랑
황홀을 넘어서서

광기 어린 심기에
흰 소복에 선녀들

옷자락을 잡은 듯
하늘을 날고 있다

나의 젊은 영혼아
내 영혼의 보금자리에

너의 넋을 담아서
훨훨 날고 있단다

아 슬픈 나의 영혼아

고추잠자리

가을 오는 문턱에서
입추 이슬 맞으며
활짝 핀 코스모스

가을바람에 흔들거려
고추잠자리를 부른다

꽃잎에 앉아 떨어질 듯 말 듯
빨간 고추잠자리는 곡예사 되어
가을 무게를 저울질한다
한 근 두 근 몇 근일까

계절 따라

여름은 가고 있습니다
남쪽으로 가고 있습니다
입추 절기를 맞아
가을에게 자리 넘겨주고

여름은 저만치
가고 있습니다
남쪽으로 여름 따라
그곳에 가면
봄이 기다리고 있을까
막연한 꿈을 안고
여름은
가고 있습니다

거두미

소고삐 매어놓고
보그레 쟁기 씻어놓고
흐르는 물에 삽을 씻고
호미 괭이 씻어놓고
호미 시세 풍물놀이
별신굿 한마당에
가을 단풍 울긋불긋
들녘은 황금물결이다

부지깽이도 한몫 한다는
바쁜 하루의 일상이다
벼도 콩도 팥도 거둬들이는
가을걷이 바쁘다

땅에 떨어지는 한 알 한 알의
곡식이 아까운 농부의 마음이란다

풍년 오겠지

호랑이가 서성거리는
임인년 하늘은 만상(滿霜)인데
하루 종일 눈이 내리네
봄을 시샘해서일까

꽃은 아직 필 줄 모르는데
꽃이 피는 것을 샘내는 걸까

꽃샘추위 말도 안 돼
대보름달이 구름에 가려도
빼꼼히 얼굴 내밀고 호령하는데
철따구니 없는 눈을
봄이 잡아먹고 있구나

풍년을 약속하는 증거일 거야
금년은 대풍이 올 거라고

제2부

기다림

영원 한 짝

밤이면 찾아오는 고독
가슴 쓰려 와도
그리운 사랑 생각하며 살아요
내가 살아온 길 뒤돌아보니
발자국도 보이지 않네
검게 그을린
후회뿐인 세월들

하늘이 높아 별을 따지 못하고
바다가 넓어 가슴에 품지 못하네
내 젊었던 장미 인생
즐거움도 있었는데
황혼의 들녘에는 눈물이 말랐네
바람처럼 살아가다
바람처럼 사라지리라
멍청한 생각도 했었는데
주천강 한 모금 마시고
사랑에 취했나요
사랑은 만병통치약
사랑을 먹고 살자
내 이름 석 자 세상에 남겨놓고
즐겁게 살아가자꾸나
얼어붙은 가슴 녹여주는 건
사랑일 거야

기다림

두툼한 겨울
잉태했던
껍질을 벗고
태어난 새봄이여!

눈물에 헹구어낸
그림자 그 발치

나는
장승박이 언덕
동구 밖에
장승처럼!

긴
목을 빼고
우두커니 서 있네.

꽃 벌 나비
향연 열어
가슴 뻥
뚫리도록
노래 부르리라

■ 2017. 9. 10. 가을 단풍이 물들 때.

별이 빛나는 밤에

입춘이 지나고
봄이 왔네요
건너 말 음지 동래
동장군 쫓아가다 놓친 겨울
갈 길 몰라 길 잃고 서 있나
갈 길이 갈 길이 어느 곳인지

동녘 하늘 바라보며
눈물 흘리네
별빛이 떨어지는 밤에
단잠을 꾸고 나면
겨울은 갈 곳을 찾을까

산허리 길게 베고 누워
하얀 한숨 쉬면서

아지랑이 피어나는
강 건너 기지개 펴는
봄을 바라보면서
얼어붙은 몸을 녹이리

생강나무 꽃 필 때

코로나19로 어지러웠던
모든 것을 감추려고
새해를 맞는 깨끗한 마음
전했나 보다

까치도 울고 간 까치설날
반가운 손님 오시려나
한복설빔 곱게 갖춰 입고
세배도 하고 성묘도 하고
덕담을 나누다 보니
어느새
봄은 내 곁에 와 있습니다
입춘대길 건양다경
소지황금출개문만복래
입춘방을 써 붙이고
소원 빌어봅니다

주천강을 타고 흐르는
얼음장 밑에
물소리를 감상하며
졸졸졸 흐르는
사연 듣고 있노라면

생강나무 꽃망울 터뜨리고
눈앞에 성큼
개나리 진달래 꽃향기
가득하게 벌 나비 앞세워
봄나들이 바쁘리
꽃향기 마시며

팔월 한가위

밤하늘 반짝이는
작은 별들을 벗하여
하늘 한가히 떠 있는 보름달
주천강에 내려와 술 취했나
물에 빠져 허우적거립니다

쫓아가다 놓친
뭉게구름 한 조각
열심히 헤엄치고 있네요
물들다 타버린
단풍 낙엽 하나
외로운 조각배 되어
노도도 없이
물길 따라 바람 부는 대로
정처 없이 떠나갑니다

인생 열차 팔십 년

나의 인생 열차는
어디쯤 가고 있을까
종착역은 어디이며
역 이름은 무엇일까

인생 몇 역을 돌고 돌아
기적소리 한번 못 울리고
눈물 몇 방울 흘렸지
가야 할 곳도 모르고
어떻게 달려왔는지
차표 한 장 없이
무임승차하여 팔십 년
긴 세월을 달려온 건 아닌지

봄여름 가을 겨울 사계절
수많은 생각들이 머릿속을 더듬으며
꿈같은 세월 수많은 생각들 꿈을 싣고 훨훨
마음을 비우고 행복을 채우리

봄 바라기

긴 겨울 동안
남쪽나라에서 잠자다
돌아온 봄
당신의 훈훈한 정을 느낍니다
봄바람 향기인가
아지랑이 꿈인가
불어오는 향기의 소식이
창 넘어 들려옵니다

당신이 찾아와
내 곁에 있기에
내 마음 포근해집니다

태양도 반겨주는 설날의 아침
안개도 걷힌 한나절에
웃음 웃는 태양이
내 마음 편하게 위로합니다
늙어가는 것이 아니라
곱게곱게 익어가고 있다고

태양이 머물고 있는 봄 언덕에
생강나무 봉오리 터뜨리고

개나리 진달래 아름답게 피면
내 마음 가득 행복이 차오르고

내일의 삶을 위한 꿈을
오늘밤 꿈에서라도
나의 행복을 고이 간직하렵니다
보고픈 얼굴 그리운 사랑
오늘만 같았으면

임인년 설날 아침에

봄은 오고 있네요

추운 겨울을 피해
남쪽 나라에서
긴 잠을 자던 봄이
산 넘고 골 타고 찾아와
태양에 안겨 졸고 있네요

개나리 진달래꽃 피고
벌 나비 춤추고 오면
가슴 따뜻하게
아지랑이 피어오르고
눈 덮인 산기슭엔
봄풀이 기지개 펴고
앞개울 얼음장 밑엔
피라미 잠 깨어
퍼득이네요

까치 까치 설날도 지나고
꼬까옷 설빔도 벗고 보니
어느새 봄이 내게 다가와
입춘대길 건양다경
행운의 부적을 대문 앞에
걸어주네요

봄은 이미 내 곁에 와 있는데
아직도 건너편 음지쪽엔
녹다 남은 잔설이 쌓여
겨울 이별이 아쉬워
쉬엄쉬엄 가려는 건가

봄은 오는가

남풍은 왜 그렇게 불어올까
바람 부는 까닭은 왜일까
왜란 말이 궁금하다

그것은 설 명절을 지난 오늘
입춘 절기 봄인가 봅니다
봄을 데려오기 위해서
바람은 그렇게 불었나 보다

뒷동산 생강나무 진달래 산수유 개나리
잠 깨우려 가지가지 흔들어놓고
바람은 훈훈한 정으로
산모롱이에 아지랑이
어깨동무하여 춤사위
즐거워라

얼음장 밑에서 숨죽여 흐르던 냇물도
목청 높여 흐르고
피라미 송사리 잠 깨어
버들 숲을 산책하네

바람이 부는 까닭은
봄이 오는 것이었고
바람이 부는 이유는
만물의 잠을 깨우는 것이었습니다

눈앞이 팔십

내 나이 일흔아홉
이 해가 가고 나면
팔순이란다

마음은
여덟 살 철부지
생각은 초등학교 운동장에
뛰고 있는데

이 사이로
헛웃음만
새어 나오는군

백 미터 달리기
용기는 활화산 같은데
육신은 거북 등을 타고
수족은 동분서주
내 뜻이 아니로다

허리 굽고 등 휘어
활등같이 되었으니

국궁 선수 명 사수되어
저녁노을 과녁 향해
활시위를 당긴다

가을이련가

새벽 찬 공기 가르며
솟아오르는 태양 바라보며
힘찬 발걸음으로 뒷동산에 올라

가을이라 가을바람
솔솔 불어오니
시원히 노래 부르며
상큼한 단풍 내음
눈이 시리도록
붉은빛에 취해본다
가을이련가 풍성한 날들
노래 한 모금 마시고
엉덩이 덩실 춤도 춰본다.

그리운 가을아

누군가가 튕겨주는
기타 소리에
내 가슴은 벌렁벌렁
뛰고 있네

가을 찬바람을 못 이겨
땅에 떨어진 낙엽
슬픔 토해내는 소리 바사삭
모진 바람에 갈팡질팡
파도 되어 일렁이네

낙산 해수욕장

수평선 저 너머로
어렴풋이 보이는 햇살이

파도를 밀어
조개가 부서진
모래 언덕에

뽀얀
은구슬을 굴린다.

사르르 흘러
굴러내리는
은구슬

살며시 발 담그고
잡으려 한다.

잡으려고
잡으려고

손
뻗어 봐도

은구슬은 간 곳 없고
귓가를 스쳐가는

은구슬 구르는 소리
환상에 잠긴다

치악산

단풍 곱게 불타오르는
치악산 가을 풍경
상원사 대웅전 종각에서
흐느끼듯 들려오는 울음소리
너는 들리지 않느냐

아홉 마리의 용이 꿈틀대는 것
이무기의 한을 달래려
종을 울리고 있는 모습
너는 보이지 않느냐

어느 선비의
은혜에 보답하려
새벽 찬 공기를 가르며
까치들이
몸이 부서지도록 부딪혀
종을 울리고 있는 아픔
너는 느끼지 못하느냐

정 담은 들녘

농심은 풍요를 심어놓고
하늘 뜻에 맡겨놓고
자연 섭리에 맡겨놓고
살아가는 농부

동 트는 이른 새벽
트랙터 경운기 농기계
소리 들려오고

요란한 농촌 들녘
농부의 노랫소리 들려오고
새참 함지박 이고 오는
아낙네의 모습 아름다워라

출출함을 달래려 모여 앉은
이웃 품앗이 형제들

홍두깨 맞은 칼국수에
옥수수 막걸리 한 잔
구수한 정을 나눈다

아침 산책

찬 서리가 내려와
사뿐히 앉은
아침 산책로

빛나던
영롱한 맑은 수정이
밤잠을 지새다
가냘픈 가지 위에 은진주가 되어
반짝반짝 빛납니다

어느
부잣집 여인이
버렸을까

방울방울 맺혀
진주가 된
이슬의 결정체
차가운
내 마음을
꺼내볼 때
촉촉이 젖어
눈시울 적십니다

내딛는 나의 발걸음
뾰족뾰족 성난 성에가
발걸음 멈추게 합니다

금방에 솟아올라
내 심장을 위협하듯
조심스레
발길을 옮깁니다

■ 대성병원 뜰을 산책하며. 2019. 1. 5.

봄눈 눈꽃 되어

춘설이 내려앉아
춘삼월을 무색하게 한다

봄이라 했던가
무겁게 고개 숙인 소나무
그 무게에 못 이겨
고개는 점점 숙여지고 있다

춘설
어느 여염집 새아씨
이름 같기도

머리카락 풀어놓은
방석 소나무
눈꽃 송이들의 향연
소리 없이 속삭인다

파도 1

한달음이면
언덕배기 솔밭까지
금방에 뛸 것 같아
밤새
으르렁대며
모래 언덕을
기어오르다
동녘 하늘
붉은 태양
토해내는 서슬
죽지 잃어
노곤한
배 밑으로
모래톱을
핥는다

치악산 늦은 가을

치악산 늘어진 자락
단풍 곱게 물들었네

안개 덮인 산골짝은
견우와 직녀 오작교인가

산과 산을 이어주는
구름의 다리인가

바람은 싸늘하여
가을을 보내려 하네

뻐꾹새 슬피 울며
고향에 돌아가고

기러기 줄을 이어
줄줄이 돌아오네

제3부

디딤돌

디딤돌

삶이란 그런 건가요
세월을 먹고 살아온 인생
인생은 팔십부터란다
내 나이 팔십 잘 익어가고 있단다

강철로 만든 정을 맞지 않고서야
어찌 디딤돌이 다듬어지랴
망치 맞고 정 맞아 다듬어진 디딤돌

바윗덩이를 다듬어
입 맞추고
디딤돌을 깎는 장 끝은
무디다
봉사정신 봉사의 표적이 보인다

디딤돌이 된 나의 인생도
무심히 구둣발에 밟히고
흙먼지에 덮이고 쌓여도
불평불만 하나 없이
남을 오르게 하는 즐거움과
남이 오르는 기쁨으로
말없이 살아가고 있다
한자리를 지켜온 인생이 아닐는지

겨울 편지

눈 내리는 겨울밤
차고 또 찬 밤

어젯밤엔
달이 유난히도 맑고 밝았습니다

허니문 허니문!
나는 창가에서 세월 감을 아쉬워하며

12월의 밤을
별 사이에 잠재웁니다

12월 마지막 달

눈 쌓인 겨울

검은 구름이
몰려오고 있다.
하늘님이 노하셨나 봐

눈 한 줌
움켜쥐어
온 누리에 뿌린다

바시시 떠는
온 세상
꽁꽁 얼어붙었다

움직이지 않는
동토의 땅

우리는 두툼한 외투의
옷깃을 올린다

■ 문화 탐방을 떠나면서.

등산

산바람 산들산들
내 마음 흔들어서

보이지 않는 너를 따라
나 여기 와 있노라

발밑을 스쳐가는
싱그러운 운치 속에

가슴 크게 열어놓고
가쁜 숨을 내쉬노라

■ 뒷동산에 올라서.

안개

아련한 불빛
아물대는 건넛마을

외로운 강물 속
자맥질하는
머리 푼 안개

비단폭 병풍 가리고
바다를 시샘하여
현기증을 잠재운 채

나뭇가지 잎새마다
스며드는 실안개!

바늘에 꿰어
한 땀 두 땀 수놓으리라

아름다운 금수강산에

천사

나는
누구인가?
내가 찾은 곳은
아픔이 가득한 곳.

여기저기에
찡그린 사람들

나도
그중 한 사람이려나!

나는
그곳에서
한
천사를 만났다.

용기와
희망을 주는 사람

어깨 위에
날개는 없어도
하얀 가운은 아니어도

나는
그 하얗고 맑은
마음을 가진
천사를 보았노라.

나에게
박수를 보내준

사랑스러운 사람!

나에게
마음의 병을 고쳐준
사랑하는 천사.

그는 필연
전생에
천사였을 거야!

나의 환부는
절반은 치유된 거라고!

천사가 도와주기에
사랑합니다

천사!
당신은
분명

하늘이 보낸
천사일 겁니다.

■ 수술 전 검사를 받으면서. 원주 기독병원에서 (간호사 김영수).
2018. 12. 10.

후회

나는
당신 앞에
우두커니 서 있습니다

시리고 아리도록
아픈 가슴

안개 속 베일에 싸인
미로 속으로

그림자 발치 밟으며
따라가고 있습니다

고독의 좁은 골목에
정신 내려놓은 채

사랑을 배웠습니다
고독의 좁은 골을

사랑의
넓은 가슴을

애모

나는
나를 사랑한다

사랑을 기다립니다

자신을 내주고
다른 이를
받아들이는
사랑의 순간입니다

함께 지난
수많은 날들은
기억나는 인생을
만들어줍니다

당신이
필요해서
손을 내밀었습니다

정 담긴 손을
늘 기억하겠습니다

당신도
내가
필요하다는 사실을

일모

오늘도
또
하루를
잠재우는 시간인가 보다

저녁노을 뒤집어쓰고
땅거미
산자락 더듬으며
넘어가는 저 해는

코 골며 단잠을 청하겠지
노곤한 팔 다리를 쉬면서

내일을 밝힐
꿈을 이루리라

■ 미래를 생각하며. 2019. 1. 5. 늦은 오후.

첫눈 내리던 날

시냇가 갯버들은
상고대 단장하고

은구슬 목에 걸고
냇물에 노래하네

졸졸졸 송사리 떼
날개미* 세워놓고

청라 수 깊은 물에
꿀잠을 청하는데

서설을 휘날리며
동장군 오는구나

해 오른 가지 위엔
오색이 영롱하고

건너편 갑순네는
굴뚝에 머리 풀고

낙조에 지는 해는
달 보고 오라 하네

* 날개미 : 지느러미

아내의 그늘

꽃은 피어 향기가 나도
그 향기를 모르고

나무는 무성하게 자라도
그 자람에 고마움을 모른다

해 저무는 강물 위에
노을 자취 그려놓고

늙어가는 인생 앞엔
잔주름 늘어가네

이러한 이치 속에
살아온 인생살이

근심도 내려놓고
걱정도 내려놓고

즐겁게 사노라면
좋은 날 있으리니

■ 신촌 세브란스 병원에서. 2018. 9. 28.

고백

나는
말합니다

당신에게 오직 고통만
준 사람이라고!

나는
당신에게 말하지요

당신은 나에게
기쁨만 준 사람이라고!

그리고 내가 고통스러워
보이는 것은
사랑입니다

이 모든 것은
사랑을 잃었던 것이었습니다

이제서야
그
잃었던 모든 것을
찾았기 때문입니다

당신은 꼭 주어야 할 것만 주었습니다

웃는 법과 사는 법도
배웠습니다

사는 동안
절대로 잊지 않겠습니다
당신이 준 교훈을

■ 대성병원 입원실에서. 2019. 1. 3.
아름다운 금수강산 함께 보았으면 해서
이렇게 내 마음을 시에 담아보았다.
그리고 우리 백년손님 곽장권 사랑한다.

연인

당신은
참된
나의 연인입니다

좋아한다는
당신의 말 한마디

품에 안기는
잠시의 순간

이 모두가
행복입니다!

나는
사랑합니다
이 모든 시간들을

행복은 떠나지
않을 겁니다

당신의 말이
귀지 되어

귓속에 겹겹이
쌓이고 쌓여도

당신의 눈에서
내 마음을 봅니다

사랑이여

영원하리라

비 오는 가을 차창

비가 온다
온 누리에
촉촉이 적시며 온다

"꽃 떨어진 앙상한 가지,"
겨울을 기다리는 비일까?

마음은 벌써
하얀 설원에 뒹굴고 있다

촉촉한 대지 위에
내 몸을 맡겨놓은 채

열차는
달리고 있다

■ 서울 여행에서.

가을 오는 소리

귀 열어 가을 오는 소리를 들어라!
가을 오는 소리 들리지 않느냐?

눈을 떠서 가을빛을 보아라!
단풍 물드는 것이 보이지 않느냐?

치악산 아기 단풍 곱기만 한데
붓 끝으로 콕 찍어다가

화선지 속에 꼭꼭 숨겼다가
먼 훗날 꺼내보리라

■ 서울 여행을 떠나면서.

김장하던 날

너의 이름
배추

파아란 너의
겉옷
훨훨
벗어던지고

천일염 목욕탕에
몸을 담그면

너는
가냘픈 여인의
모습 되어

한
여인의 손끝에서
어느 작명가의
작품인 양
김치로 변한다

동짓날 긴긴밤에
찬밥에 통김치
쭉쭉
찢어

동치밋국 시원하게
밤을 맞는다

김장하는 여인의 모습에서

봄은 얼음장

얼어붙은 얼음장 밑에도 강물은 흐른다!

강물 흐르는 소리 봄 기다리는 소리!

봄은 저 남쪽나라에서
서서히 다가오고 있다.
꽃단장
벌 나비 앞세우고.

견학기

동그라미 그리려다 동그라미 속에 갇혀버렸어?

동그라미 벗어나야지 하면서도 벗어나지 못하는

이 짧은 세월이
한스럽긴 하지만
언젠간 벗어날 수 있겠지

"노력은 성공의 어머니이니까"
노력하다 보면 언젠가는
반드시 성공하겠지

"조합원식구 여러분, 성공하십시오!"

■ 농업협동조합 선진지 견학을 다녀오면서.

겨울에만 피는 꽃

눈보라가 몰아닥쳐도
살며시 피어나는 꽃
가지마다 피어있는
향기 감춘 꽃무리

햇빛 밝게 떠오르면
금방에 지고 마는 꽃
눈가에 미소 짓는
아름다운 무성의 웃음

감춰둔 향기 냇물 되어
졸졸 흐르고
입가에 미소 그치질 않네

제4부

천상의 어머니

세월 무상

창밖에 세월이 간다
봄도 가고 여름도 가고

또
가을도 가고 있다.

잊어야 할 가는 세월
무겁기만 한데

인생에 무상함이
왜 이리 지루한지

천상의 어머니

귀한 딸로 태어나
없는 집에 시집와
어려움도 잊고서
온갖 고생하셨네

열두 남매 낳고서
맘 뿌듯해 하시며
좋은 일도 있었고
슬픈 일도 있었지

팔십구 년 사시다
하늘나라 가실 적
두견새도 울었고
접동새도 울었소

떠나가신 수년에
얼굴 모습 그리워
걸어놓은 사진첩
밤낮없이 보았지

이 땅에서 살다가
하늘나라 갈 적에

얼굴 기억 못하고
지나칠까 두려워

보고보고 또 보고
눈에 익혀 놓았지
어머님의 사랑을
어머님의 모습을

(어머니 사랑합니다)

호수와 풍경

가을 강 맑기만 한데
단풍이 물속에 졸고 있네.

송사리 피라미 떼도
단풍 숲속에 잠들고

세월은 달 따라 흘러가고
달도 더불어 뱃노래 하네

가을아 너는
세월 감이 두렵지 않느냐.

겨울이 오면 두툼한 외투에
찬 서리 약속하리

■ 호수에 비친 경치를 감상하면서.

복분자

오늘은 복분자
시집가는 날.

까맣게 익은 복분자
살며시 입맞춤하면

수줍은 양 볼에
연지 곤지 찍는다.

이웃 동네 오미자도
시샘이나 하는 듯
따라서 웃고 있다.

어느 집 도령에게 시집가려나?
사임당이 웃고 있다.

복분자를 수확하면서

봄이와의 이별

바람은 구름 몰고
태산을 넘어가고

뻐꾹새 슬피 울어
새봄을 보내려 하네

녹음이 무성하니
피어난 만화방초

갈매기 파도 위에
고기떼 유혹하니

저 멀리 수평선에
고깃배 모여드네

사월에 오는 눈

달도 머물다 간다는
월현리 달읍 밭(月邑田)
장승박이 언덕에
봄 눈 내려와
한식 절기가 무색하다

촉촉한 봄비는
버들강아지 살찌우고
흐르는 물 졸졸졸
봄노래 작곡하네

심술이라도 부리듯이
춘설이 찾아와
갓 씌워놓은 비닐하우스 지붕은
스켈레톤 경기장
눈송이 모여 썰매를 탄다

갈아놓은 밭이랑은
갈비뼈 앙상하고
춘설(春雪) 추위에 못 이겨
피어난 생강나무 꽃
파르르 떨고 있네

어머니 배틀 1

산지당골 천 평 밭에
목화 씨앗 뿌려놓고
길쌈 매고 거름 주고
깨끗하게 가꾸어서

꽃 피우고 다래 달아
아가씨 가슴처럼
목화가 부풀었네

폭신한 정을 담아
광주리에 한 님 이고
집으로 돌아오니
쐬악 틀어 씨를 빼고
문래로 가락 돌려
무명실 뽑아내니
그 길이가 천리로다

도트마리 명줄 날아
화롯불에 쪼여놓고
풀 먹여 다듬어서
쌍다리 방아틀에
잉어대 곧은 정에

석세바디 틈 사이로
명줄 나른 바디 위를
북 던져 배 띄우고
발 굴러 노래하니
명 짜듯 세월 가네

무명천 넓은 폭에
땀방울 얼룩져서
보이는 어머니 모습
내 눈에 생생하네

무명이불 폭신하게
아들딸 키우시고
마른자리 잠을 재워
쉬는 날 모르시고
밤낮없이 고생하신
어머님이 그리워서
쳐다보는 하늘나라

지금도 그곳에서
베틀에 올라앉아
무명천을 짜실까

어머니 배틀 2

은하수 강변에서
베틀 노래 부르시며
자식 생각 근심 걱정
정화수 한 그릇에
눈물로 비는 모습
한 줄기 소나기로
눈물 되어 흐르네

영혼은 하늘나라
육신은 남았으니
무덤가 할미꽃이
고개 숙여 피었구나

오늘도 어머님은
양지바른 산기슭에
뒷산을 베개 삼고
앞산을 바라보며
그리운 자식새끼
잘 되기만 바라면서
자식 오길 기다릴까

국궁

햇빛도 반겨주는 활터
발아래 깔려있는 운해

활시위를 당긴다
힘차게 날아가는 행운

다섯 발 화살의 명중
일시천금 마음을 담아

오늘도 활터에 날은
밝게 밝게
밝아오고 있다

가을맞이

창문을 열면
성큼 다가오는
가을바람

바람은 서늘하고
차갑기만 한데

뻐꾹새 슬피 울며
고향에 돌아가고

기러기 앞세우고
가을이 오는구나

■ 2018. 9. 5.

봄비

해 찬 들녘 봄은 오고
나물 캐는 아낙네의
고운 손길 분주하네

달래 냉이 쑥부쟁이
꽃바구니 채운 여인
쪼아대는 새들 몸짓
봄바람에 폭풍 되네

살짝 뿌린 봄비 내려
싱그런 봄 전령인가
온 세상이 푸른 신록
푸른 생기 가득하네

일 프로(%)의 만족

나는 나를
사랑한다

백 프로 인생에서
남들이 보기엔

사십구 프로로 보지만
나는 백일 프로의
인생을 살고 있다

절뚝이는 다리
굽어진 허리

남들이 보기엔
사십구 프로

그러나
나에겐
지금보다 내일에

더 든든한 믿음을!
일 프로 더함의 삶
그것에 만족한다

웃음도 백일 프로!
즐거움도 백일 프로!
나는 나 일 프로의

즐거움에 만족하고 산다

■ 병원 가는 날, 2019. 1. .22. 아침에.

산행

아침이슬 머금은
산골길을 따라
신선이 되어본다

사다리 병 때
좁은 자리에
보따리 내려놓고
눈 감고 좌선한다

부처님 모습 그려볼 때
나도 부처인 양
마음은
잔잔한 파도이어라

발아래 펼쳐진 저 운해

그 위에 조각배 띄워
타고 가고 싶어라

일어나라 일어나
정상을 향해
발걸음 재촉할 때

햇볕은 뜨거워
정상에 비추고
땀은 흘러 발등을 적신다

산의 정기를
듬뿍 담은 양
몸은 가벼웠다

비로봉은
비로소 나를 품었고

나는
비로봉에 안겼다

서산 너머로
수줍은 듯
산자락으로
감춘 얼굴

땅거미
기어간다

산허리 주름잡아
하산을
서두를 때

나는
정녕
신선이어라

■ 치악산 산행을 하면서. 어느 여름에.

은사시나무

엎치락뒤치락
바람과 싸우더니

바람 힘에 못 이겨
파르르 떨고 있네

바람아 멈추어라
연약한 나무니까

우도

우도를 바라보면
바람이 지나가고
구름도 지나가고

보일락 말락
불러도 대답 없는
말이 없는 우도
소귀에 경 읽기

넓은 바다를 벗하고
살아온 우도

구름은 수줍은 듯
삼방산을 감추고
비바람 가는 길
느리다 재촉하네

여유

조개들이 토해내는
진줏빛 사랑

진흙 뻘에 묻혀
먹빛 머드팩으로
온몸을 단장하는 여유

하루 온종일 걸어도
일 미터도 못 가는 느림보

가다가 힘들면
쉬어나 가지

입 벌려 긴 혀를 뱉는다

머드팩 단장하고 찾아온
은모래 밭의 진주조개

한 여인의 마음을
여유 있게 빼앗았나 봅니다

봄

갯여울 얼음 녹는 소리 쨩
버들강아지 놀라서 눈 뜨고

산모퉁이 아지랑이
모락모락 피어나면
생강나무 노란꽃 피운다

꽃샘추위 심술부리고 지나가면
목련꽃 뾰족한 부리로
알 깨어 하얀 천사로 피어나고

언덕 위 개나리꽃
병아리 같은 옷 갈아입고 피어나면
진달래꽃도 수줍은 듯
붉은 댕기 드리우네

산새 들새 텃새들이
어울려 노래하면

쟁기 멘 농부 일손 바빠지고
나물캐는 여인네들
웃음소리 정겨워라

노송

천년 세월
모진 풍파
갑옷으로 틀어 안고

고독에 한이 되어
옹이 박혀 굳었구나

바늘쌈 잎새에는
푸른 기상 성성한데

한 둥지 외로웁게
비늘 벗듯 던져버린
잊지 못할 인연이여

저녁노을 달그림자에
우두커니 서 있네

활

활시위를 당긴
파랑 노랑 빨강 과녁
욕심일까 노란 원

정을 싣고 날아간 살
몸에 힘을 실었나
보이질 아니한다

조심스레 시위를 당긴다
욕심을 버렸을까
노란 원 관중이다

곧은 자세로 삼 점
웃어주는 아내의
무언의 기도일까

노란 과녁 명중을
기도했나 봅니다

마음…

제5부

인생을 노래하다

내 탓이오

모든 것이 내 탓이오
생각할 때
마음이 편해지리라
생각합니다

남을 탓한다는 건
결국 욕심으로
이어진다는 사실

우리는 이것을
직시해야
할 것입니다

내 주변을 살피고
내 삶을 돌아볼 때

올바른 길로 가야 할 길을
찾을 거라
생각합니다

이것이 참 진리이기
때문입니다

새참 술

봄이 오는 날
밭갈이하는 농부
새끼 딸린 어미 암소
우유병 챙겨 허리에 차고
밭갈이 간다

보그래 쟁기
짊어진 이
허리 굽어 숙이는데
한나절 봄밭에는
햇볕 내려 뜨겁네

굽은 허리 세워 펴고
밭갈이하는 농부
막걸리 새참 술에
허둥허둥 하롱하롱

보그래 세워놓고
세월 낚는 저 농부야
비탈진 험한 돌밭
언제나 다 갈려고

술 취해 풍월 읊고
편한 자리 누웠는가
바짓가랑이 사이로
저녁노을 보이면

활등같이 굽은 이랑
세월 감이 보인다

인생을 노래하다 1

내가 살아온 길이
꽃길이었다면
지나간 세월을 원망 말자

낙엽 떨어지는 길 걷다 보면은
눈물이 저절로 난다

인생에 역전이 되려나
기다려지는데

눈가에 주름지고 해 저무는데
어슴푸레 달은 뜨려나

해는 뜨지 않아도 달이라도 좋다
내 맘에 비춰만 다오

해는 뜨지 않아도 달이라도 좋다
내 맘에 비춰만 다오

꾀꼬리 합창

호수에 산그림자
잔잔히 일렁이면

버들 사이 꾀꼬리
노래자랑 뽐내고

노숙자 청개구리
호수에 뛰어들어

개굴가 노래하고
물장구 반주하네

비 갠 강 포구에
햇빛 밝게 비치면

호수 위 금빛 노을
섬섬옥수 수놓아

꾀꼬리 노래 멈춰
호수가 조용하네

워낭소리 앞 편

황소 몰고 밭갈이하시는 아버지
뚜벅뚜벅 황소의 발걸음
아버지의 발걸음도
황소를 닮았어

우직하게 걸어가는 황소
우직하게 따라가는 아버지
아버지를 따라가는 사래 긴 이랑
그 이랑도 아버지와 황소 닮았어

이랴 소몰이 소리 워낭소리
빨리 가면 빠른 소리
천천히 가면 느린 소리
블루스 도로 또 지르박
둘이라도 있으면 탱고

땡볕이 내려앉은 비탈 밭은
밭갈이 노래방

멍에 메고 노래 부르지
음~~~메~~~~~

땡볕이 내려앉은 비탈 밭은
밭갈이 노래방

멍에 메고 힘든 노래
음~~~메~~~~~

12월 겨울

바람은 쌩쌩 불어
산 고개 넘어가고
서설은 분분하여
온누리 덮어주네

그 곱던 얼굴들이
상고대* 꽃피워도
남산 위 저 소나무
늘 푸름 변함없네

앞내에 흐르는 물
얼음 속 숨겨놓고
송사리 피라미 떼
명상에 잠재우네

* 상고대 : 나뭇가지에 맺힌 서리, 일명 서릿발 꽃.

콩

새벽 찬이슬 맞으며
콩밭을 매는 농부 손
어느새 날이 밝아와
아침 햇볕이 따가워라

이마 위에 방망이 수건
지그시 동여매고
벼 잠방이에 모시적삼
땀 흘려 흠뻑 젖어도
흥얼대는 풍년가
한없이 즐거워라

로또의 죽음

가슴을 파고들어
자리 잡은 그 눈

태양보다 찬란한
향기 안고
피어나는 한 송이 꽃

나름대로
자기의 행복 위해
피어나는 아름다움

조용한 자리에
눈꺼풀 쓰고
맑게 피어나는
한 떨기 꽃송이

■ 개(로또)와의 이별에서.

청개구리

노숙하던 나뭇잎이
강물 위에 날아들어
정처 없이 떠나가니

일엽편주 노 저어서
넓은 세상 가려 하네

잠 깨어난 청개구리
무임승차 올라타고

비 올까 봐 염려되어
개굴개굴 울어대네

엄마 무덤 쓸려가던
산속에다 썼어야지

엄마의 말 안 듣고서
강변 무덤 웬 말인가

2021년 추석은 비로 얼룩졌다

비 내리는 추석 아침입니다

피곤한 잠에서 깨어나 잠자리
뒤척이니 새벽 내리는 비가
창문을 노크하네요

창문 밖에 밤나무 알밤 떨어져
비에 젖어 둥글둥글 반짝반짝
옛날 어렸을 적 할아버지 무릎에 앉히시고
밤톨 같은 내 새끼
지금도 귓가에 생생히 들립니다
지금 차례 상에 그 밤톨을 올리고
솔잎 쭉쭉 뽑아 밤톨 송편 빚어
솔잎 요 깔고 이불 덮어 김 올려
밤톨 송편 올립니다

심술부리는 가을비 보름달을 가려도
한가위 가족들의 정은 마스크 너머로
눈웃음이 넘치네요

비는 그칠 줄 모르고
조용히 방콕 행 방글라데시 여행권

비행기 표 끊어놓고
비행기 뜰 날만 기다리고 있습니다
시 벗님네들 건강하시고
즐거운 명절 되세요

횡성호수

망향의 동산 정자에 앉아
호수를 내려다본다

옥색 빛으로 채워진 호수
호수 속 옛 마을엔
옛 혼이 살아 숨 쉰다

초가집 안방에선
아기의 울음소리
은은하게 들리고

외양간 마구에는
송아지 엄마 찾아
음메 음메 노래하네

좁다란 신작로엔
트랙터 소리 요란하고

화성 초등학교 운동장엔
운동회 줄다리기 함성
굴렁쇠 삼식이 즐겁네

삼순네 떡 방앗간엔
떡 내음 우러나고
깨 볶는 고소한 내음
코앞에 퍼져오며

지금은 옛이야기로 남아
전설이 되고 있네

포도 알의 향수

포도 알에 시를 담아
탱글이 익어가는
포도향기에 쏟아지는
행복한 눈물

바람 불어와
샤인머스켓 망고 향이
향수를 불러오게 하네요

진달래 붉게 피고
산수유 노랗게 피어날 때면
저 멀리 봄 아가씨
피리 불고 오네요

계절 따라

여름은 가고 있습니다
남쪽으로 가고 있습니다

입추 절기를 맞으면서
가을이에게 자리를 내어주고

여름은 저만치 가고 있습니다
여름을 따라 남쪽으로 가보면 그곳에 가보면
그곳에
봄이 기다리고 있을까
아련한 꿈을 꾸면서
여름은 가고 있다

워낭소리 뒤편

아침 안개 헤집고
밭갈이하는 워낭소리가 들려온다

뚜벅뚜벅
황소의 발걸음

따르는 아버지의
발자국에서도

워낭소리가
운무처럼 들려온다

우직하게 걸어가는 황소
보그래 쟁기(굳은 멍에)로 어깨 누르며

우직하게 따라가는 아버지

그 뒤를 따라가는 사래 긴 이랑

황톳빛 먼지까지도
정든 워낭소리로 들려온다

땡볕 내려앉은 비탈 밭은
워낭소리 노래방

안개 짙은 날은
유난스레 환한 햇볕이
쏟아지는데

밭 끝머리에서는 신기루
솟아나는데

밭고랑 밭이랑마다
이랴 딸랑 소리 들려온다

멀리 시집간 막내딸
직장에서

봄이면
점심 도시락 열 때마다

하늘 들판에서
떨어지는

워낭소리가 들려온다

봉명 폭포

하얀 포말이 떨어진다
바위 골짜기 틈새를 타고
부서지고 깨어지듯
뛰어내립니다

태양은 뜨겁게 절벽을 비추고
일곱 색깔 무지개를
물기둥 속에 박아놓았다

내 마음을 녹이는 그 빛이여
꽹과리 징 북 장구의 신이
어깨를 들썩이게 합니다

부서지고 깨어진 물줄기가
계곡을 따라 흘러가
잠시 감천 호수에 머물렀다 횡성 호수로 깨어나
섬강 물줄기 따라

넓은 서해 바다에
몸 풀어 활개 펴리라

인생을 노래하다 2

내가 살아온 길이
가시밭길이면
지나간 일들은 생각을 말자

알콩달콩 살아온 길 너무 정다워
그리워라 지난 세월이

인생에 역전이 되려나
기다려지는데

기억도 잊어버리고
해 저무는데
어슴푸레 달은 뜨려나

해는 뜨지 않아도 달이라도 좋다
내 맘에 비춰만 다오

해는 뜨지 않아도 달이라도 좋다
내 맘에 비춰만 다오

파도 2

섣달그믐날 설핏 눈 내리는 바닷가에 서 있다
나를 세우기 위해 서 있다

으르렁거리며 달려오는 파도 더미가
성난 사자 같구나
모래톱
늙은 소나무 언덕까지
금방이라도 통째로 삼킬 듯

끝 모를 바닥에서 솟아오른
사자의 갈기
번뜩이고 넘실대고

목 놓아 울어대는 파도
기어오르다 기어오르다
나의 긴 생을 후려치다가
아픈 두 무릎에 수술 자국에
하얀 포말로 매듭을 푼다

힘이 빠졌구나
수천수만의
눈꽃으로 돌아서는구나

파도야 성난 사자여
느꺼운 꽃으로 사라지고 마는가
나의 두 발은 사붓이
젖고 있다

나의 진실

내 진실 찾아보아도
진실은 농부였었소

허상에 바람이 들고
나 아닌 남이 되어서

뜬구름 붙잡으려고
하늘을 오르려다가

땅 위에 뚝 떨어져서
땅 치고 탄식을 하나

모두가 뒤늦은 세월
세월아 쉬었다 가자

천천히 놀다가 가자
꽃구경 하다가 가자

오직 돌아갈 곳은
내 고향 농촌 마을뿐

인생 이야기

구름 둥실
산 위에 걸려 있고

바람 불어 쌩쌩
구름 꼬리 흔드네

구름아 너는
어디로 가는 건데?

높은 산에 붙잡혀 오도 가도 못하는가?

기도

동녘 하늘 떠오르는 해
오늘따라 유난히 밝습니다
봄을 토해내는 봄볕은
아지랑이 되어
산기슭에 졸고 있습니다

아직도 음지에는
잔설이 남아
동장군 쫓아가다
놓친 겨울이
산비탈 베고 누워
울고 있네요

눈 덮인 그 길을 걷고 있는
고개 숙인 한 여인은
아름다운 한 폭의 그림 풍경화 같습니다

나이도 알 수 없는
고목된 소나무
그 앞에 두 손 모은 기도

그 여인의 기도를 들어주오
나 또한 기도합니다
웃는 날과 행복한 날만
있으라고

축하드립니다

영혼을 우려내는 시인

김천우(문학평론가 · (사)세계문인협회 이사장)

이장기 시인의 시집 상재는 뜻 깊은 의미가 있고 남다른 인생철학의 깊은 뜻이 담겨 있다는 사실이 참으로 반갑고 기쁜 마음이다.

시인은 월간 『문학세계』로 등단하여 틈틈이 시를 공부하면서 강원도의 저력을 보여주고 있다. 팔순기념 시집은 누구나 흉내 낼 수 없는 덕목 중 하나요, 백세시대의 행보를 탄탄하게 자리매김하고 있다고 생각한다.

영혼을 우려내는 시를 쓴다는 것은 그만큼 자신만의 주관과 투철한 작가정신이 뛰어난 삶의 관점이 타의 모범이 되어 예리한 감각을 지니고 있다는 뜻이다.

강원도 횡성은 월간 『문학세계』 로 등단한 멋진 문인들이 군집을 이루고 있다. 이장기 시인이 이 자리까지 종합 예술인으로 탄탄하게 자리매김하는 일 또한 모든 사람들의 귀감이 될 만큼 우러나는 인품의 정서는 잘 익은 홍시처럼 구수한 누룽지를 연상케 한다. 그에게는 사람내음이 진동을 하니 언어의 미학 또한 굉장히 멋과 맛이 넘친다.

시는 그 사람의 얼굴이요 인생이라 생각한다. 참 잘살아 오신 시인의 미래도 꽃길로 오래도록 이어지기를 소망하는 바이며 기념시집 출간을 시점으로 더욱더 한국문단을 빛내는 시인으로 거듭나기를 바란다.

신록이 익어가는 계절을 맞아 탄생하는 시집 『내 인생의 봄날』을 축하하며 건강과 건필을 위하여 기도하는 마음 전하고 싶다.

순백한 자연인의 아름다운 시세계

지준기(천우문화예술대학 총장)

팔순의 연세임에도 불구하고 주옥같은 시편들을 모아 일생에 가장 영예롭고 소중한 기념시집을 출간하시는 시인의 거룩한 소명에 진심으로 축하를 드립니다.

산 좋고 물 좋은 강원도 횡성 산자락에는 자연을 노래하면서 사시사철 무릉도원 같은 전원생활의 터전을 자리 잡고 있다.

이장기 시인의 순박하고 진솔한 마음씨는 시편에서부터 면면이 우러나오고 있다. 달빛 별빛을 불러 모아 넓고 청정한 옥토를 일구어 가는 삶의 진면목이 얼마나 보석 같은지 모른다.

첫 시집 『내 인생의 봄날』 시세계는 시인의 일상과 인생여정이 언어의 강물처럼 흘러가는 듯 풍요롭고 정겹기까지 하니 탁월한 끼와 소질을 겸비한 훌륭한 시인임에는 틀림이 없다.

이장기 시인님 팔순기념 시집을 발간하셨으니 구순백세 무병장수 만수무강하시고 독자들에게 사랑받는 시인으로 거듭나길 강구하면서 '지구의 종말이 올지라도 한 그루의 사과나무를 심겠다'는 스피노자의 철학처럼 이장기 시인의 그날까지 시의 연금술이 세세연년 만인들의 영혼을 적셔주기를 빕니다.

수선화의 서정(抒情)시인,

-명초(銘草) 이장기 시인, 팔순 잔치를 축하하며

최보정(시인)

달이 머무는 월현골, 아침 안개를 헤집고 밭을 갈다가도
끝머리에 서서
잠시 멈춰선 그의 손에는 詩가 탄생합니다.
담 모롱이에 수줍은 듯 피어난 한 송이 수선화에서
시인은 누군가를 기다리는 여심을 부인에게 바치는 헌시로
탄생시킵니다.
명초 시인의 고결하고 아름다운 시심이여!
그 누구도 그토록 꿈 많은 당신의 서정과 성실함을
칭찬하지 않는 이가 없을 것입니다.
시인은 농사를 지으면서도 늘 시상을 메모하고
국궁을 즐기고, 난타를 두드리고, 풍류를 즐거워하는
남다른 재주를 가진 시인입니다.
블랑쇼는 시(詩)란 '삶이 나에게 보내는 편지'라고 읊었듯이
이(李) 시인의 팔순(八旬)의 가슴에 피어난 꽃은
그의 삶의 흔적입니다.
때론, 애틋하게 가슴 저며오는 사연들은 아픔을 이겨낸
고결한 선비 의식의 물결입니다.
그의 부지런함은 늘 상처를 동반하지만 파도처럼
흘려보내는 여유가 넘칩니다.
아름다운 오월, 팔순 잔치를 맞이하여 그의 꿈이 담긴
첫 시집『내 인생의 봄날』이 출간됨을 진심으로 축하드립니다.

이장기 시인 거대한 고목

박순남(시인)

거대한 고목 세상 속에 힘들고
외로울 때 고목을 찾는다.
폭넓은 그늘지어
가슴에 연기가 가득 찬 마음
웅장한 고목 쳐다보며
오랜 세월 비바람에
몸담으며 아픈 가슴 안고
우뚝 선 고목
고목에 그늘에서
교훈으로 뉘우침 받고
용기 받은 그대 고목
영원한 스승 오래오래 가르침 주시기를 부탁드리며
팔순 기념 시집 출간을
진심으로 축하드립니다.

상록수 같은 시인 이장기 친구에게

신현덕(시인)

명초 이장기 시인은 일상이 흙을 뒤집고
씨앗을 뿌리며 땀 흘리며 수확한 열매를
거두어들이는 힘든
농사일을 하면서도
틈틈이 몸소 체험한 삶을 시어에 담아
멋 부리는 시가 아닌
진실된 모습을 독자들에게 보여주어
누구나 다가갈 수 있는 친근하고 진솔한 시인임을
첫 시집을 통해 느낄 수 있을 것입니다.
어려운 여건 속에서 첫 시집을 출간하게 됨을
축하드리는 바입니다.

문학세계대표작가선 967

내 인생의 봄날

이장기 시집

인쇄 1판 1쇄　2022년 5월 11일
발행 1판 1쇄　2022년 5월 18일

지 은 이 : 이장기
펴 낸 이 : 金天雨
펴 낸 곳 : 도서출판 천우
등　　록 : 1992. 2. 15. 제1-1307호
주　　소 : 서울시 성동구 무학봉28길 6 금용빌딩 2F
전　　화 : 02)2298-7661
팩　　스 : 02)2298-7665
http://moonhak.wla.or.kr
E-mail : chunwo@hanmail.net

값 13,000원

ISBN 978-89-7954-869-3